ediciones**carena**

AUGUSTO J. ALEGRET LÓPEZ

VEINTICUATRO DESTELLOS EN LO HONDO DE LA NOCHE

Poemas sobre el
Libro de los XXIV filósofos

(Prólogo de Francisco Brändle O. C. D)

Segunda edición: diciembre de 2025

© Augusto J.Alegret López
© Ediciones Carena, 2025

Edita: Ediciones Carena (Barcelona)
Diseño, realización y coordinación: Ediciones Carena
Calle L'Equador 39-45, Plt. Bj. Loc. 6, 08029 Barcelona
(Imagine Content, S. L.)
WWW.EDICIONESCARENA.COM
info@edicionescarena.com

Depósito legal B 18170-2025
ISBN 979-13-87623-43-2

Ilustración de la cubierta: Augusto J. Alegret López
Diseño y maquetación: Sofía Cabrera

Impreso en España - Printed in Spain

Sanctus Dominus.
Dorje Chang.
Ha Shem.
Escúchame.

ÍNDICE

POR MARGARITA.
FAUSTO FUE FAUSTO.

PRÓLOGO

Hablar de lo escondido, evocar lo vivido, transmitir lo inefable, es aventura que a pocos les es dado emprender. Augusto me pide que abra las puertas de la aventura, al hablarnos de lo que su corazón encierra como más verdadero y sustancial, con unas palabras de presentación. Su amistad, la confianza que depositó al hacerme, como primicia, participar en ella, me impulsan a hacerlo con la misma entrañable amistad y confianza.

Recuerdo que cuando llegaron a mis manos estos versos, mi reacción inmediata y visceral fue irlos poniendo en paralelo con aquellos pasajes y poemas de San Juan de la Cruz que me traían a la memoria.

La admiración por el místico castellano me hizo valorar y saborear los versos que tenía en mis manos. Eran la luz de un alma encendida en la Llama divina y afervorada por la meditación de las sentencias latinas del *Liber vigintiquatuor philosophorum*, que, hechas ya palabras sustanciales, hablas divinas, se grababan en quien no quiso sólo leerlas, sino saborearlas en el amor que encerraban.

Lector, se me ha concedido la gracia de abrirte las puertas de estos veinticuatro poemas. Portero me hacen del hondón infinito que encierra el corazón de un hombre que busca y escucha, por eso te invito a adentrarte en estos versos, paraíso inundado de luz y fragancia, aquella que le da el cauterio suave, la llama viva, el toque delicado, la mano blanda, que los filósofos aún llamamos Dios.

FRANCISCO BRÄNDLE, O. C. D.

PREFACIO

Durante la segunda semana de agosto de 1999, en el centro San Juan de la Cruz, de los carmelitas descalzos, en Segovia, asistí, con mi esposa, a un curso de meditación contemplativa organizado por los pp. de esta orden, por Santiago Guerra y Francisco Brändle, juntamente con el p. Domiciano Monjas.

Entre las intuiciones que puede recoger estaba la de que el arte poético puede ser un método de meditación y, en definitiva, una técnica más en el camino espiritual. La presencia constante de los versos del santo en aquella bendita casa abundó en la misma idea.

El 13 de noviembre del mismo año, en la sesión mensual de la Fundación Vivarium, en Tavertet (provincia de Barcelona, no lejos de Vic), Raimon Panikkar puso en nuestras manos el texto latino de *El libro de los veinticuatro filósofos*, con el objetivo de traducirlo, estudiarlo, comentarlo y meditarlo. Hice estudios académicos, pero no vieron la luz.

Pensé entonces también en aplicar la idea de versificar mis meditaciones sobre las definiciones del *Liber*, tomando cada una de ellas como un enigma o *Koan* y esperando alcanzar respuesta personal en forma de poema.

Aquí está lo que salió. Es verdadero en la medida en que haya podido alcanzar el centro del alma. En ese sentido no es mío; somos todos puros escribientes del Libro de la Vida, que es subyacente al mundo y que nos fundamenta. Y sólo hay un Autor de tal Libro: el Gran Poeta del Universo.

A Él toda la Gloria.

AUGUSTO

VEINTICUATRO DESTELLOS EN LO HONDO DE LA NOCHE

Poemas sobre el
Libro de los XXIV filósofos

I[1]

Deus est monas monadem gignens.
In se unum reflectens ardorem.

Dios es mónada que engendra mónada.
En sí mismo refleja el ardor.

¿Podrías no engendrar?
¿Puedes acaso vivir una unidad sin referencia
que se cierre en la propia autopresencia,
sin mundo, sin aurora, sin ocaso?

¡No serías Tú! Y sé bien lo que digo,
pues a veces percibo tu reflejo.
Por eso te persigo y no te dejo:
¡Eres un dios apasionado y vivo!

---

[1] Sobre el *Liber viginti quatuor philosophorum* I.

II[2]

Deus est sphera inifinita cuius centrum est ubique, circunferentia nusquam.

Dios es esfera infinita cuyo centro está en todas partes, y la circunferencia en ninguna.

Recogido y atento
me he quedado, Señor,
en el centro
del Templo.

De todas partes
converge hacia esta nada
tu Mirada.

Y en este punto fijo,
oigo tu Voz Sagrada:
dice que soy tu hijo.

Y tu Presión, Señor,
va llenando de vida mis pulmones
más allá de distancias y razones.

---

[2] Sobre el *Liber viginti quatuor philosophorum* II.

III[3]

Deus est totus in quolibet sui.

Dios está todo él en cuantas cosas le son relativas.

Toda cosa está en Ti, Tú en cada cosa,
que, aunque cosa no seas, cosas creas.

Quiero, Señor, que por mis ojos veas,
que recite mi voz tu Santa Prosa,
que andes Tú con mis pies, que aquella rosa
que huele en mi nariz tu Olfato sea.

Que mis manos den forma a tu tarea.
Y sea tuya la gloria esplendorosa.

---

[3]   Sobre el *Liber viginti quatuor philosophorum* III.

IV[4]

Deus est mens orationem generans, continuationem perseverans.

Dios es mente que engendra palabra y persevera en la continuidad.

Todo eres Mente, y puesto que hablar quieres,
Palabra es todo aquel que acepta serlo
y mente es todo lo que son los seres.

Pues tu Verbo, fluyendo eternamente,
pronuncia el mundo, para sostenerlo,
y nada cesa que tu Voz sustente.

Lo que me dice este Decir que eres
es que Te dices amorosamente.

---

[4] Sobre el *Liber viginti quatuor philosophorum* IV.

V[5]

Deus est quo nihil melius excogitari potest.

Dios es tal que nada mejor puede ser pensado.

No mezclaré, mi Dios, mano con mano,
tu Santa Imagen con figuras mías,
jamás te asignaré categorías:
no diré, mi Señor, tu Nombre en vano.

Pero es cierto que cuando me recojo
y sólo pienso en Ti –en Ti solamente–
Se borran las tormentas de mi mente
y veo más de lo que ven mis ojos.

Y entonces eres bálsamo que cura,
venda que cubre, mano que protege,
del espacio vital único eje.
Y la figura ya no es mi figura.

---

[5] Sobre el *Liber viginti quatuor philosophorum* V.

VI[6]

**Deus est cuius comparatione substantia est
accidens, et accidens nihil.**

**Dios es aquél para quien comparativamente
la substancia es accidente, y el accidente no es nada.**

Si digo que sucedo, aunque no soy,
un vértigo sacude todo apoyo,
cuelgo cabeza abajo, sobre un hoyo
y todo suceder sucede hoy.

Me sustentas, Señor, desde lo alto,
con la seguridad de tu Presencia.
Me sujetas, no caigo: esa es mi ciencia
y ya de nada me encuentro falto.
Pues más acá del Uno, el Dos y el Tres
hay un vacío que tornaste hermoso,
cuando me hiciste inquieto y tan curioso
que quisiera observarlo del revés.

---

[6]   Sobre el *Liber viginti quatuor philosophorum* VI.

VII[7]

Deus est principium sine principio,
processus sine variatione, finis sine fine.

Dios es principio sin inicio, proceso sin cambio,
fin sin final.

¡Cautivo que me tienes,
contradictorio Dios!

Ya no recuerdo
cuánto hace que bogamos
siendo tu galeote, Comandante,
firmemente amarrado al duro banco.

¿Se mueve esta galera?
¡Siempre igual me parece el horizonte!

¿Acaso hay puerto al que llegar debamos?
¿Y qué será mi porvenir entonces?

Me callo. En el zurrón recojo las preguntas.
Mi voluntad aúno con la Tuya.
Y remo.

---

[7]   Sobre el *Liber viginti quatuor philosophorum* VII.

VIII[8]

Deus est amor qui plus habitus magis latet.

**Dios es amor, que cuanto más se tiene,
más se esconde.**

Amor,
que ocultas tu Ternura
con discreto pudor,
Tú me hiciste a tu hechura
para poder amarte con ardor.

Tráeme, pues,
al secreto camino
y he de ver, cual Tú ves,
que es este mi destino y tu Destino.
Y no son dos destinos, que son Tres.

---

[8] Sobre el *Liber viginti quatuor philosophorum* VIII.

IX[9]

Deus est cui soli praesens est quicquid cuius temporis est.

Dios es el único para quien es presente cuanto al tiempo atañe.

Señor, Presente Puro,
enséñame ahora mismo, pues Tú puedes,
a no tener ni pasado ni futuro,
a quedarme en el sitio en que Te quedes.

Céntrame en este instante, en este punto,
donde ya no hay error, pues nada pasa,
donde todo perdura y está junto.
Ábreme, en fin, la puerta de Tu Casa.

---

[9] Sobre el *Liber viginti quatuor philosophorum* IX.

X[10]

*Deus est cuius posse non numeratur, cuius ese
non clauditur, cuius bonitas non teminatur.*

Dios es aquel cuyo poder es innumerable, cuyo
ser no se cierra, cuya bondad no se acaba.

El Señor me condujo a su jardín,
me llevó por senderos bien trazados
que se perdían en los horizontes.
Vi el poder de la Casa del Señor
y alabaré su Gloria para siempre.

El Señor me condujo a su montaña
y de su Mano anduve confiado
entre rocas, abismos y barrancos.
Noté la fuerza del Brazo que no tiembla
y alabaré su Gloria para siempre.

El Señor me condujo porque quiso,
su Voluntad alienta mi esperanza
más allá de la duda y el afán.
Sentí al Benevolente andar mis pasos
Y alabaré su Gloria para siempre.

---

[10] Sobre el *Liber viginti quatuor philosophorum* X.

XI[11]

*Deus est super ens, necesse, solus sibi abundanter,
sufficienter.*

**Dios está por encima del ser, es necesario y sólo
Él es abundante y suficiente para sí.**

Además de sobrar, colmar el vaso,
de rebosar tu Ser con gran largueza,
de superar así nuestra esperanza,
de tener en tu Mano la existencia,
resulta, Dios, que no eres prescindible,
que esto es verdad sólo con tu Presencia,
que nada basta cuando Tú te has ido,
que la sed no se sacia en fuente ajena
a la que Tú has abierto por nosotros,
a la que Tú derramas en la Tierra.

---

[11] Sobre el *Liber viginti quatuor philosophorum* XI.

XII [12]

Deus est cuius voluntas deificae et potentiae et sapientae adaequatur.

Dios es aquel cuya voluntad divina se iguala a su poder y a su sabiduría.

Sabes, puedes y quieres, ¡qué riqueza!

Sabes el cómo y dónde, también cuándo,
puedes el qué, sin cortapisa alguna
y eres El Que Decide. ¡Gloria inmensa!

¿Por qué, entonces, defiendo mi ignorancia,
me apego férreamente a mi impotencia
e insisto en mi indeciso vericueto?

Mi enfermedad es pretender ser Tú
y no reconocer de forma plena
que a tu manera ya lo soy ahora
y que no hay que buscar otra manera.

---

[12] Sobre el *Liber viginti quatuor philosophorum* XII.

XIII[13]

Deus est sempiternitas agens in se,
sine divisione et habitu.

Dios es la eternidad operante en sí,
sin división ni determinación.

Dime, Señor,
si estás fuera del tiempo, ¿cómo operas?
¿Ningún reloj gobierna tu programa?
¿No separas tu Acción en partes ordenables?
¿Puedes, entonces, contemplar, de un golpe,
entera tu Tarea, que es tan amplia?

Porque yo
—te lo digo a mi manera—
cuelgo de agenda toda la semana,
y afronto siempre retos secuenciales…
¡Pues equivoco los ecos con las voces
y no alcanzo a cumplir con mi jornada!

Pero si Tú lo quieres, yo Te ayudo
y nada podrá más que esta Alianza.

---

[13]   Sobre el *Liber viginti quatuor philosophorum* XIII.

XIV[14]

Deus est oppositio nihil mediatione entis.

Dios es la oposición a la nada mediante el ser.

No soportas la nada. Yo tampoco:
me viene con tu herencia.
Me has dejado los genes de un buen loco
que llena con las cosas su conciencia.

Tienes razón: a veces me empecino
y, en vez de tu Creación y tu Alegría,
escojo tristes sombras del camino.
¡Pero Tú haces llegar la luz del día!

Esa Luz que eres Tú y que se desborda
en reflejos, colores y matices.
La Luz en que Te veo, sin más sombra
y la bendita Voz con que Te dices.

---

[14]   Sobre el *Liber viginti quatuor philosophorum* XIV.

XV[15]

Deus est vita cuius via in formam est veritas,
in unitatem bonitas.

Dios es vida, cuyo camino hacia la forma es
la verdad, y hacia la unidad es la bondad.

—Así pues, eres Uno, y eso es bueno.
Así pues, eres Vida, y eso es cierto.
Dime entonces, ¿adónde va la Vida?
—La Vida se dispersa en lo concreto.

—¿Y cómo hace camino tal Viviente?
—En la Verdad encuentra su sendero.

—Dime algo más, ¿adónde va la Vida?
—Va a la Unidad, agrupa lo disperso.

—¿Y de qué modo puede hacer tal cosa?
—Regresa a la Unidad porque es El Bueno.

---

[15] Sobre el *Liber viginti quatuor philosophorum* XV.

XVI[16]

Deus est quod solum voces non significant propter excellentiam, nec mentes intelligunt propter dissimilitudinem.

Dios es aquel inexpresable por las palabras, debido a su excelencia e incompresible por las mentes a causa de su desemejanza.

¡Hijo de mi Alma, en qué brete te meto!
Tienes razón, he de reconocerlo:
en lo hondo de la noche te despierto
y te pongo a aliñarme algunos versos.

¡Siendo como es, que Yo Soy inefable,
y de Mí no dirás nada correcto!
–porque si dices que decir no puedes,
  tampoco estás diciendo lo más cierto–.

Pero sigue escribiendo –te lo ruego–,
y convierte en cuartillas tus desvelos,
dejándote llevar por tu plumilla
y por tu afán de resultar sincero.

---

[16] Sobre el *Liber viginti quatuor philosophorum* XVI.

Yo Soy,
y no es preciso que Me entiendas,
Yo Puedo Ser
también tu entendimiento.

XVII[17]

Deus est intellectus sui solum,
predicationem non recipiens.

Dios es pensamiento sólo de sí,
y no recibe predicado alguno.

Pondré, pues, al inicio de mi verso
un prólogo constante donde dije
que dije «digo» quise decir «Diego».

Ya sé que el predicado no Te rige,
pero Te ofrezco continuar el juego:
yo escucharé lo que Tu Voz me dicte
y lo pondré en palabras y conceptos.

Dentro de Ti resonarán si quieres
las notas de este canto, que conoces
porque toma su forma de tus seres
y aquí sólo recibe nuevas voces.

---

[17] Sobre el *Liber viginti quatuor philosophorum* XVII.

XVIII [18]

Deus est sphaera cuius tot sunt circumferentiae quot puncta.

Dios es esfera que tiene tantas circunferencias como puntos.

En tu interior generas puntos nuevos
continuamente, sin tomar reposo,
y los integras y conservas luego,
pues Tú eres el recinto y el contorno.

Vas llenando de Ti tu propia esfera,
es esa tu labor de cada día,
y estructuras la forma y la manera,
engendrando también la geometría.

Eres, Señor, centro y circunferencia
—en mi jerga diré «fin y comienzo»—
de todo aquello a lo que das substancia,
de eso que piensas Tú en mi pensamiento.

---

[18] Sobre el *Liber viginti quatuor philosophorum* XVIII.

XIX[19]

Deus est Semper movens immobilis.

Dios es el motor siempre inmóvil.

Y Tú querías moverte, pero ¿cómo?
Señor, no eres veloz, tampoco lento,
pues tu ámbito no es tiempo ni es espacio.
¡Dónde Te has de mover ni en qué momento
si no puedes, deprisa ni despacio!

Así que me creaste en movimiento.
Me creaste para Ti. Y tu afán sacio
cuando acepto que Tú eres ese Viento
que inspira versos en mi cartapacio.

Como una brisa tu caricia siento,
que quita de mis huesos el cansancio.
Y un calofrío, que yo siempre espero,
transforma mi columna en tu palacio.

---

[19] Sobre el *Liber viginti quatuor philosophorum* XIX.

XX[20]

Deus est qui solus sui intellectu vivit.

Dios es el único que vive del pensamiento de sí mismo.

No estoy compareciendo ante vosotros
con el aura dorada de un poeta,
antes bien con los pies llenos de lodo
y cubierta de polvo la cabeza.

Nunca diré bastante que soy poco,
indigno, sucio, nada presentable,
mísero, malpensado y algo loco,
incapaz de reír, carente de arte.

Por eso, mi Señor, cuesta entender
que quieras continuar aquí, a mi lado,
soportando mi ciego mal hacer
cuando destrozo lo que Tú me has dado.

Tú no tendrías que pasar por esto,
pues eres —más que nadie— suficiente.
Tú vives de Ti Propio sin defecto…
¡Y estás dispuesto a compartir mi muerte!

---

[20]   Sobre el *Liber viginti quatuor philosophorum* XX.

Pues bien, Señor, si quieres —si me quieres—
no dejes de venir ni un solo día
y dime una palabra solamente.
Con ella construiremos la alegría.

XXI[21]

Deus est tenebra in anima post omnem lucem relicta.

**Dios es la tiniebla del alma, cuando toda luz
se ha apagado.**

Saldré de casa, como es obligado.
Por el camino apagaré las luces
y en el momento de cruzar la puerta
de pronto he de saber que ya es de noche.

Señor de mi tiniebla, en Ti he visto:
nada como tu Sombra brilla tanto,
tu Oscuridad es resplandor profundo
y en ella no tropiezo ni me pierdo.

Me estremece el abismo de tu Rostro,
pero no temblaré ante tu Presencia,
porque sé, porque hoy mismo me los has dicho,
que como yo Te espero, Tú me esperas.

---

[21] Sobre el *Liber viginti quatuor philosophorum* XXI.

XXII[22]

*Deus est ex quo est quicquid est non partitione,
per quem est non variatione, in quo est quod est
non commixtione.*

Dios es aquel de quien procede todo cuanto
existe sin división, por quien existe sin cambio,
en quien existe sin mezcla.

Empiezo a comprender
por qué es tan difícil imaginarte.

No divides: unes,
y sin embrago estás viviendo en mí
—y con dolor de parto—
la experiencia de la separación.

No cambias: estableces,
pero ni siquiera esta tarde
—con una mar tan quieta—
cesan tus ondulaciones en mi mente.

No mezclas: ordenas,
aunque a mí me rodea
por todas partes
un caos informe, tal vez por eso fértil.

---

[22]   Sobre el *Liber viginti quatuor philosophorum* XXII.

También empiezo a comprender
cuál es mi papel en el reparto
y que no tiene sentido rechazarlo.

XXIII[23]

Deus est qui sola ignorantia mente cognoscitur.

**Dios es aquel que sólo puede ser conocido
por la ignorancia de la mente.**

En mi desenfrenada búsqueda
creí saber dónde estarías,
pero no Te encontré: hallé un ídolo.

Creí saber cuándo aparecerías.
Te aguardé justamente entonces,
pero no viniste: acudió un fantasma.

Creí saber cómo Te harías visible.
Los ojos me lloraron de mirar tan fijo,
pero no Te vi: sólo vi mi propio engaño.

No empleas los mapas
ni el reloj.
¡Contigo no hay manera!

Sólo si nada sé,
ni tan siquiera Te busco,
únicamente así vendrás.

Te espero.

---

[23] Sobre el *Liber viginti quatuor philosophorum* XXIII.

XXIV[24]

Deus est lux quae fractione non clarescit transit
sed sola deiformitas in re.

Dios es luz que brilla sin fractura,
que se difunde, pero en las cosas sólo deja
una semejanza de lo divino.

Puedo decir que he visto tu Reflejo,
también puedo explicar cómo es tu Sombra,
he sentido tu Aliento en mis pulmones,
pero nunca he llegado a ver tu Rostro.

Lo he buscado y lo busco entre las cosas
sin darme tregua, pausa ni reposo.

¡Ha de ser tan brillante y luminoso
si lo ilumina todo de esta forma!

Entonces, ¿necesito buscar más,
si mis ojos alcanzan claramente
tanto rastro que dejas a tu Paso?

Mucho he visto de Ti, mirando el mundo
porque Tú estás entero aquí y ahora.

Sencillamente, abriré los ojos.

---

[24]   Sobre el *Liber viginti quatuor philosophorum* XXIV.

Sin la constante, delicada y generosa amistad
de Carmen («Karma») Navarro,
este escrito no hubiera llegado a publicarse.
Tal vez ni siquiera el manuscrito hubiese alcanzado
esta última página.

ESTA
SEGUNDA
EDICIÓN DE *Veinti-*
cuatro destellos en lo hondo
de la noche, DE AUGUSTO
J. ALEGRET LÓPEZ, HA SIDO
IMPRESA CON PAPEL AHUESADO,
DE 80 GRAMOS. SE HA UTILIZADO
LA TIPOGRAFÍA GARAMOND PRO.
Y SE TERMINÓ DE IMPRIMIR EN
VEPRIX, EN MADRID, EN EL
MES DE DICIEMBRE DEL
AÑO 2025.